UNA MARIPOSA
EN EL VIENTO

Martinez Shaver

Una Mariposa en el Viento

ISBN: 979-8-9870144-6-2 (Edición de Bolsillo)
ISBN: 979-8-9870144-1-7 (Tapa Dura)
ISBN: 979-8-9870144-2-4 (Electrónico)

Impreso en EE. UU. Publicado por Horizon Book Marketing

Para

Melody y Harmony

Introducción

Las personas en este mundo te limitarán si se lo permites, así que sé quien eres sin importar cómo se sientan acerca de ti. Rodéate de personas con ideas afines y recuerda que siempre hay tiempo para la separación. El camino al éxito se vuelve solitario, pero es un viaje que vale la pena. Desafía todas las probabilidades que se interpongan en tu camino. Aliméntate e invierte en ti mismo a diario, y aún más, invierte en tus hijos. Infúndeles todo lo que sientas que necesitan saber para prepararse para este mundo. Enséñales la verdad y asegúrate que sepan que la autoeducación es la mejor educación. Invierte en su futuro y sé el mejor hombre o mujer que puedas ser para darles grandes ejemplos. Llévate con honor, integridad y confianza. Exige respeto y nunca aceptes menos que eso. Las personas te tratan según cómo te comportas, así que camina como un emperador. Permanece humilde. Busca sabiduría y conocimiento en todo lo que hagas y, sobre todo, mantén tu fe en el Altísimo.

Tabla de Contenido

Fe como Una Semilla de Mostaza

La vida puede ser una loca
y luchamos nuestras batallas.
Sonreímos durante el día
y fruncimos el ceño por la noche.
Nos reímos durante el día
y lloramos por la noche.
Pero debemos orar y creer
que todo estará bien.

Lluvia e Inspiración

Está lloviznando, y siento que debo soltar.

Lo que fluye en mí ahora es simplemente alegría y paz.

Desenredando estricta y rápidamente lo que hay debajo, mientras escucho la lluvia, sentado en mi Camioneta Tahoe, protegido de la lluvia.

Viendo las gotas de lluvia se deslizan por el vidrio como vetas en ese momento, ninguna de mis rimas me escapa.

Las luces están apagadas, pero estoy sentado bajo una farola.

Así que yo, Martínez, continúo escribiendo.

Deberías ver los efectos de la luz, la lluvia y el vidrio, creando formas en círculos imperfectos y brillantes a través de la página.

Sigo escribiendo mientras la frase anterior envejece.

Esta sensación es maravillosa, y simplemente soy yo.

Viviendo en mi pasión, existiendo en mi pasión, y dándote las rimas dentro de mí, es lo que continúo siendo.

Estaciones de Vida

Creo que el otoño es la estación más hermosa.
Lo que muere, muere. Y lo que queda, queda.
El aire de otoño es refrescante y relajante.
Algunas cosas se abren. Otras se retractan.

Hojas doradas, naranjas, verdes
y algo rojas,
Diferentes vehículos; diferentes velocidades.

A veces

A veces, un hombre solo necesita un abrazo.

A veces, un hombre solo necesita llorar.

A veces, un hombre solo necesita que su mujer se aferre y lo abrace como a un bebé.

A veces, un hombre solo quiere ser abrazado.

A veces, un hombre solo quiere llorar.

A veces, un hombre solo quiere que su mujer se aferre y lo abrace como a un bebé.

Cosas Lindas

Finalmente, entiendo

lo que significa "La vida es como una caja de chocolates",

pero no entiendo por qué sueño

los sueños que sueño.

La vida es buena y aprecio las cosas simples.

La belleza está en los ojos del que mira,

y veo tantas cosas hermosas.

Solo Sonríe

Puedo ver que estás decaída,
y solo quiero animarte.
La alegría que usualmente siento de tus
palabras está ausente, y
no sé si tiene relación con el amor.
Parece que sí, pero tal vez me equivoque.
Sea lo que sea, linda mujer, mantente fuerte.
Soy un hombre apasionado, un poco coqueto.
Y me encanta hacer sonreír a las mujeres.
Así que, incluso si crees que estoy coqueteando,
tal vez solo quiero verte sonreír.

Secretos

En realidad, somos como películas;
nunca sabes quién te está mirando.

La mente es el secreto más profundo;
nunca sabes lo que pasa por ella.

Las palabras no significan nada si no se dicen.

Un corazón sigue siendo algo, incluso si está roto.

¿Qué es el Amor?

¿Qué es el amor?

Podría hacerme esta pregunta mil veces.

Y podría responder con mil cosas.

Y nuevamente, podría hacerme esta pregunta mil veces.

Y podría responder con mil cosas.

Esencialmente, el amor es lo que es el amor,

y el amor es lo que es para ti.

Así que, lo que sea que pienses que es el amor,

lo que sea el amor para ti,

cualquiera que sea tu respuesta

a la pregunta de qué es el amor,

eso es el amor.

Amor Tóxico

Mi amor por ti es más profundo que los océanos de azul.

No sabía que me enamoraría cuando te conocí.

No sabía que nos haríamos daño

de la manera en que lo hicimos.

Aunque no estemos juntos ahora,

aún quiero que tengas mi hijo.

Toma una parte de mí, cariño, y tenlo por siempre.

Correré a salvarte en el peor de los tiempos.

Otra Oportunidad

Una vez viví sin corazón
 y lastimé a quienes amaba.

Una vez viví sin corazón
y sentí que nadie me escuchaba,
ni siquiera Dios y Jesús

Una vez viví sin corazón
hasta que un día me derrumbé.

Ya no vivo sin corazón
porque cambié mi vida.

Auto reflexión

A veces, lloro por el dolor que siento,
pero nunca me rendiré ni me daré por vencido.
No soy Superman;
mis sentimientos hieren.
Pero sigo adelante, y eso es lo que me hace fuerte.
Soy quien soy, y alcanzaré mi destino.
Mi corazón se enfría, pero siempre me recupero para
alcanzar lo mejor de mí.
Escribir es mi salida.
Es mi fortaleza.
Es mi ventaja.
Es mi alma gemela.
Con mi pluma y papel, tengo muchos encuentros.

La Pura Verdad

Si te permitiera asomarte en mi mente,
¿podrías aceptar lo que vieras?
Dolor, mentiras y la miseria de dejar mi infancia atrás.

Un niño que admiraba a muchos hombres
que constantemente lo decepcionaban,
Así que decidí no admirar a ningún hombre,
solo para no ser decepcionado.

Hacer el Amor

He tenido sexo con algunas mujeres.
He hecho el amor con unas pocas.
Nunca he querido hacer el amor con alguien
tanto como quiero hacerlo contigo.
Nuestra química es grandiosa.
Nuestro vínculo es como concreto.
A menudo, las palabras son inútiles
cuando podrías simplemente hacerme el amor.
Y si hablamos mientras creamos nuestro hermoso aroma,
bueno, lindura, ¿no es eso maravilloso?

Amistad

La amistad es sagrada para mí,
y cumplo mi palabra.
La amistad es sagrada para mí,
y respaldo lo que digo.
Con el viento vuelan las aves.
Contra el viento vuelan algunas.
A veces, las aves vuelan con el viento.
Otras veces, contra el viento vuelan algunas
aves.
La amistad es sagrada para mí,
y si te llamo mi amigo, lo digo en serio.
Así que, no te llames mi amigo a menos que
realmente lo sientas.

Y Si Lloro

Si lloro,

¿llorarás conmigo?

Imagina a una joven, con 4 hijos y sin comida para comer.

Si lloro, ¿llorarás conmigo?

Imagina a una niña teniendo un bebé y perdiendo a su madre a la sus 19.

Si lloro, ¿llorarás conmigo?

Imagina a un niño luchando contra la bestia de unos pulmones débiles.

Estaba decidido a jugar fútbol, pero su madre prefería que tocara platillos o tambores.

Si lloro, ¿llorarás conmigo?

Él no tuvo padre mientras crecía.

Pero, no llores por eso. No guarda rencor, y eso es una de las cosas que lo hace fuerte.

Si lloro, ¿llorarás conmigo?

Imagina que te arrebatan tu infancia.

Un niño constantemente deprimido, con las expresiones escritas claramente en su rostro.

Si lloro, ¿llorarás conmigo?

Su querido abuelo se fue.

Su bisabuelo con quien contaba monedas se fue.

Su bisabuela que le daba galleticas en espiral se fue.

15

Decepción Consciente

Actuamos como animales y creemos que somos animales porque nos trataron como animales. Nos trataron como tontos. Aceptamos la derrota y comenzamos a actuar como tontos. Nos matamos entre nosotros y seguimos siendo tontos. Estamos librando la guerra que nuestros verdaderos enemigos quieren ver. Intimidamos al enemigo, pero el enemigo nos ha engañado para que nos matemos entre nosotros. Algunos de nosotros estamos luchando, pero muchos se han rendido como cobardes.

Guerrero

Escribo con mi mano.
Armo con mi cerebro.
Hablo desde mi corazón cuando entrego dolor.
Siento el calor del sol.
A través del vidrio, veo la lluvia.
Guerrero es la definición de mi nombre.

La Verdad Despiadada

Es un mundo despiadado y muchos duermen.
No puedo apoyarme en muchos, pero muchos cuentan
conmigo.
Llevo agresión, pero perdono a muchos
porque soy paz.
Soy una licuadora, y corto.
Así que, gangrena, aléjate de mí.
Quiero tanto para todas las personas a mi alrededor,
pero los caballos que no quieren agua ni beben.
Estoy tan sediento que mi rostro casi se está hundiendo.
Mi rostro casi se está hundiendo en el agua porque necesito
hidratación.
Hidratación, Circulación, No complacencia, Motivación.

Sigo Luchando

Hay muchos poemas reprimidos en lo profundo de mi mente.

Debo tener éxito; por eso, siempre estoy en mi lucha,
mentalmente, físicamente, y hasta con mis emociones.

Quiero viajar a través de ríos y océanos.

Quiero tomar vuelos a alturas que nunca he alcanzado y hacer
grandes asados con toda mi familia.

Quiero ir a pescar con mi abuelo, Montana.

Descansa en paz, mi aquella nariz roja Santana.

Paloma Hambrienta

No espero que nadie entienda mi visión. Estoy decidido a comer como una paloma hambrienta. A veces, fallamos en escuchar al Altísimo porque fallamos en escuchar y nos preocupamos excesivamente por las opiniones de los demás. Mi arte es mi arte y fue hecho para mí. Yo soy quien soy, así que sé quien fuiste creado para ser. No puedes elegir mi caminar. No puedes elegir mi hablar. No puedes hablar como yo, ni transmitir mis pensamientos. Pásame el hielo; estoy en llamas como el napalm. Un hombre no se mide por el reloj en su muñeca. Un hombre no se mide por el coche que conduce, ni una mujer por lo que tiene entre sus muslos. Por favor, escucha. Por favor, toma este conocimiento y deja de presumir sobre lo que hay en tus bolsillos. Deja de acercarte como si fuera joven y tonto, y escucha este mensaje que podría dejarte sin palabras. Tu mente apenas puede imaginar de lo que soy capaz. Descansen en paz mis amores en el Cielo arriba. Dije que no espero que nadie entienda mi visión. Estoy decidido a comer como una paloma hambrienta.

Cuida lo que Dices

Las palabras pueden derribarte.

Las palabras pueden levantarte.

Las palabras pueden debilitarte.

Las palabras pueden fortalecerte.

Las palabras pueden cortar como cuchillos.

Las palabras pueden sentirse como disparos.

Así que, cuidado con lo que dices.

No dejes que tus palabras hagan que te disparen.

El tiempo en el que vivimos es como el Salvaje Oeste.

Estoy aquí para hacer un cambio.

Pongamos fin a la ignorancia.

Soy Quien Soy

No elegí este caminar,
y no elegí este hablar.
A donde quiera que he ido,
he llevado amor.

Honestidad he llevado.

Lealtad he llevado.

Respeto he llevado.

Conocimiento he enseñado.

Sensibilidad

Hay sensibilidad en cada hombre,
ya sea por su mujer, sus hijos
o quizás por lo que pensó cuando cumplía su condena.
Hay sensibilidad en cada hombre.

Todos tenemos un punto débil,
como la realidad de perder a un ser querido,
ser apuñalado por la espalda por tu pareja
o ser robado por un engaño.

Muchos hombres aparentan y caminan como si dijeran:
"Soy un hombre; nada me molesta,"
desleales a la realidad y eso es lo que realmente les molesta.

Hablando con profundidad,
creo que puedo tocar cualquier alma.

Agradecido por mi conocimiento y optimismo
porque mi corazón solía ser frío.

Un Mundo Loco

Este mundo está loco, hermano, y no todos son sinceros.

Las serpientes caminan, pero los leales debemos seguir adelante.

La mayoría de las personas quieren algo en la vida que ni siquiera intentan conseguir.

Es un mundo despiadado, y eso es una verdad dura.

Creo que algunas personas nacen para ser líderes,

pero no creo que todos nazcan para liderar.

Todos lloramos. Todos sangramos.

Así que, básicamente, todos somos iguales, pero algunas personas se aferran a otras como la gangrena.

Y te digo que eso es letal.

Debemos mantener la cabeza en alto.

Debemos apuntar alto.

Debemos esforzarnos por ser mejores hombres porque la vida pasa.

Es un mundo loco allá afuera,

pero creo que puede cambiar.

Algunas personas mejoran.

Algunas personas siguen igual.

La Lucha del Guerrero

Levanta la cabeza y mantenla en alto.

Respira hondo.

Inhala aire fresco.

Arrodíllate y ora.

Agradece a Elohiym por este día.

Sonríe por tus hijos y enséñales a orar.

Sonríe por tus bendiciones.

Diviértete y juega.

Descansa en paz por la noche mientras duermes.

Troya

Más fresco que una brisa de otoño,
pero puede llegar allí como la implacabilidad de *DMX* en la
película *Belly*.
Respetuoso con los demás,
amable y cortés.
Alma de verdadera esencia,
extremadamente cortés.
Leal como *Rico* en *Paid in Full*.
Las conversaciones que tenemos nunca son aburridas.
Es una de esas personas con las que puedes hablar de cualquier
cosa.
Me alegra haber conocido a este tipo.
Troy es su nombre.

Destiny

Muchas veces he estado
a punto de dejar de escribir.

Entonces, mi cerebro comienza a ordenar
palabras y mensajes que son muy esclarecedores.

Y no tengo más opción que expresarlos.

Sería un tonto si no lo hiciera.

Proverbios es mi libro favorito,
así que, ¿cómo podría ser tonto?

No puedo serlo.

Gracias a *Yahuah* por estos mensajes.

Es Su gloria.

No me agradezcas.

La Vida es Bella

La vida es hermosa, aunque a veces nos quejamos.

Padre, perdóname si alguna vez he tomado tu nombre en vano.

Te doy gracias por mi familia y por mis amigos.

Oro por dejar un legado hasta y más allá de mi final.

Vida

Vivir.
Mejorar.
Realizar
Evolucionar.

Amor.
Intriga. Perdonar.
Agrandar.

Calles

Amo las calles,

pero ¿las calles me aman a mí?

Las calles son una palabra positiva al revés.

V-i-v-i-r.

El mal son las calles, y el mal era

yo cuando estaba serio sobre ello

y buscando amor en las calles.

Ves, conseguí amor en estas calles,

pero ¿me aman las calles a mí?

Respeto estas calles,

pero ¿me respetan las calles a mí?

Tengo respeto en estas calles,

pero ¿me respetan las calles a mí?

Tengo amor en estas calles, pero ¿me aman las calles a mí?

Para aquellos que necesitan.

Sigue Humilde

¿Por qué una persona debe ser menos que tú
cuando alguien gana más dinero que tú?

¿Por qué una persona debe ser menos que tú
cuando alguien conduce un coche más llamativo que el tuyo?

¿Por qué una persona debe ser menos que tú
cuando la casa de alguien es más grande que la tuya?

¿Por qué una persona debe ser menos que tú
cuando algunas personas tienen sirvientes para hacer sus
quehaceres?

Mi Rezo

La paciencia no siempre es fácil de alcanzar,
y a veces me encuentro viviendo en el pasado.

A veces sonrío, y a veces río
porque sé que mis días difíciles no durarán para siempre.

A veces lloro, y todos los días oro.

Padre, por favor, quita nuestro dolor.

Padre, por favor, no dejes que llueva hoy.

Padre, por favor, líbrame de mis formas.

Almas Perdidas

Algunos corren a las calles en busca de aceptación
y porque piensan que es genial.

Algunos corren a las calles para conseguir dinero
y así sus familias puedan tener comida.

Andar en las calles por diversión
no es una cosa inteligente de hacer.

Andar en las calles en general
no es una cosa inteligente de hacer.

Muchas almas se pierden.

Algunos quieren ser geniales.

Otros hacen lo que sienten que deben hacer.

Manejo de la Ira

Es curioso cómo nos temen por los estereotipos que representan.

Nos ven como depredadores mientras se sienten como presas.

Algunos incluso tienen miedo de simplemente decir hola.

Algunos incluso temen lo que podamos decir.

Humildes son las palabras que pongo en esta página.

Oro, escribo y aplasto la rabia.

Cuando mi mecha es corta, no hace falta mucho para que surja la rabia.

Aun así, cuando estoy enojado, descargo en la página.

Así que, aun cuando estoy enojado, aplasto la rabia.

La sostengo aquí en las palmas de mis manos...

...tomo unas respiraciones profundas y se la entrego a Dios.

La Mujer de Chocolate

Eres mi luz de luna cuando me siento en la oscuridad.

Eres la razón por la que me detengo.

Eres mi paraguas cuando mi visión se llena de lluvia.

Eres la sonrisa en mi cara.

Es tu mano la que me acaricia en un intento de aliviar mi dolor.

Eres la atracción a mi erección.

Eres la pareja de mi conexión.

Es más que solo un orgasmo cuando tú y yo hacemos el amor.

Dos o tres veces al día, pasión tras pasión,

Gemidos y suspiros, risas desde lo más profundo del corazón.

Piscinas de sudor, escalofríos que recorren tu columna hasta tu cuello.

Moretones de tus labios en mi cuello y mi pecho,

Cicatrices en mi espalda y costillas de tus uñas.

Te estoy dando todo lo que tengo,

y me dices, "Martinez, eres el hombre".

Reglas de la Conversación

Si la conversación rige la nación,

entonces ¿qué es la nación sin conversación?

Pensando constantemente, y así parece

que nunca puedo conformarme.

Siempre planeando. Siempre hacia adelante,

y siempre tratando de sacar lo mejor de mi situación.

Tratando de ser un activista en mi comunidad,

y algunos siguen odiando.

Mamá Meacham

Tan agradable, tan amable
y tenía la sonrisa más hermosa que jamás hubieras visto.
Ella me hacía sentir que valía algo
al mostrarme amor.

Su hermoso cabello corto y sus hermosas mejillas rojas
junto con su sonrisa, eran encantadores
y realmente un espectáculo para ver.

Sabía cuando algo andaba mal
y siempre me hacía sentir mejor.

Ella te entregaría su abrigo en el clima más frío.

Me daba abrazos que alegraban mi día.

Siempre, siempre sabía qué decir.

Entré por primera vez en su oficina cuando estaba en noveno grado,

y ese día, me robó el corazón.

Lo llenó con su amor y me lo devolvió.

Decía: "Te quiero, Martinez." Y yo respondía:

"Te quiero" de vuelta.

El Amor Que No Podía Ser

Te quiero, pero no puedo tenerte.

Por eso, cuando te veo,

nunca te abrazo ni te tomo de la mano.

No puedo ni mirarte

sin sentir lo que siento.

A veces, siento que estoy locamente enamorado de ti.

A menudo me pregunto si estos sentimientos alguna vez cambiarán.

Siento mariposas cuando escucho tu nombre.

Como Es

Puede que no les guste, pero respetan mi sensatez.

Respetan mi audacia.

Respetan mi confianza.

Respetan mi humildad.

Respetan mi lucha.

Respetan cuando digo que algo no está bien.

Duras Lecciones

Astuto y hábil
Defecto como un mal olor,
pero es una prueba que debo soportar
para que mi próximo nivel prevalezca.

Cada herida que recibo solo me hace más fuerte.

Para que alguien se acerque, su tarea es mucho más complicada.

Perspectivas Diferentes

Algunas personas dicen que la vida es buena.

Algunas personas dicen que la vida es un perro hembra.

Algunas personas ni siquiera creen en Cristo,

y yo solo soy sincero con ustedes.

Algunas personas viven la vida al límite.

Algunas personas fuman crack para drogarse.

Quiero más en la vida que una lucha.

No puedo vivir apenas por sobrevivir.

Esfuerzo Extraordinario

Cuando decido que debo tener algo, será mío.

Constantemente, uso palabras que amo, como extraordinario y esfuerzo.

Estoy hambriento y la cena se acerca.

Hago todo lo posible por no mostrar esta rabia que llevo dentro.

Exijo respeto. Será mío.

Algunos piensan que es un juego.

Sin embargo, no conocen el momento.

Algunos ven tan claro como el día,

pero aún así permanecen ciegos.

Tributo a Mis Amigos

Los verdaderos amigos son raros.

Ahora lo veo claro.

Para ayudar a otros, constantemente me reprimo.

Me pregunto por qué no hacen lo mismo por mí.

Estoy constantemente desatando esta bestia desde adentro.

La ira es veneno, y la mato a menudo.

Pero debido a mis amigos con defectos,

muchas veces últimamente, casi pierdo la cabeza.

Los que no pueden protestan.

¿Dónde están mis verdaderos amigos?

Si te sientes culpable, hazme un favor.

Retrocede.

Caras y Vibras

Caras y vibras coinciden,

y a veces los actos son nuevos.

Caras y vibras coinciden,

y las verdaderas intenciones

no siempre pueden esconderse.

Caras y vibras coinciden,

así que lee entre líneas.

Caras y vibras coinciden,

y la envidia se a menudo se revela.

Trabajador Poético

Siempre seré imperfecto,

pero siempre estoy esforzándome por ser mejor.

A veces, quiero abrazar y ser abrazado...

hablar sobre mis miedos y mis luchas.

A veces, quiero aislarme y realmente enfocarme en mi esfuerzo.

Estoy siempre haciendo muchas cosas

debido a mis muchas ambiciones.

Y no soy un tonto en estas calles.

Solo estoy en esta misión poética.

Confusión, Contención y Poder

Estar contenido es algo de la mente,

y estoy sacrificándome por el esfuerzo.

Mi carga ha sido pesada, incluyendo mi escudo,

pero ahora es tiempo de desprenderme.

Derramé mi corazón... cavé profundo en mi alma,

y últimamente desaté lo que mi mente contiene.

He perdido algo de peso... me esforcé por moverme más rápido.

Se vuelve solitario,

pero tendré éxito mientras siga esforzándome y orando.

Totalmente Aleatorio

No siempre hago lo correcto,
y solo tengo una vida para vivir.
Incluso cuando hago mal, soy auténtico.
Soy imperfecto. Estoy lleno de defectos.
Y no estoy de acuerdo con todas las leyes del hombre.
Odio la política.
Amo a las mujeres.
Sí, me molesta perder porque me encanta ganar.
Mi mente está enredada y retorcida.
¿Cuál es la diferencia entre amor y lujuria?
Algunos son tontos.
Algunos están atrapados.
Y algunos simplemente les importa un ...

Amor Una Vez en la Vida

Una y otra vez, creo que tú piensas que podríamos
tener algo.

Porque nos resistimos lo que yace debajo,

nuestra amistad no existe en armonía.

Un amor como este es extraño.

Solo lo he encontrado una vez.

Aunque te quiero tan profundo como el océano,

sé que lo demuestro mal muchas veces.

17 por Siempre

Lo especial que eres, es extraño.

Incluso me pregunto si podríamos ser almas gemelas.

Sueño contigo. Pienso en ti.

Incluso fantaseo con una primera cita.

Doy vueltas y vueltas en la noche

deseando que estuvieras a mi lado.

A menudo imagino sostener tus muslos,

tus manos en mi pecho mientras cabalgas.

Umf, Umf, Umf.

Te he estado esperando desde que teníamos 17 años

Deseos No Cumplidos

Ansiando una conversación profunda
Deseando escuchar inspiración.

Sabes mantener la cabeza en alto
sin importar lo que enfrentes.

Anhelo las mismas cosas.

A veces, son difíciles de encontrar.

Mi mente a menudo está desconcertada

y mis ojos a veces están ciegos.

A menudo me digo a mí mismo,

"No puedes abandonar tu esfuerzo".

"Naciste con un propósito,

y se está acercando el momento".

Así que no puedes rendirte

sin importar lo difícil que se ponga.

Te amo, y por ti,

escribí esto con sinceridad.

Conversaciones Atrasadas

Las conversaciones más profundas son muy inspiradoras.

Las cosas tan inspiradoras son muy sorprendentes.

Las cosas tan sorprendentes son muy asombrosas.

Las cosas asombrosas me mantienen preguntándome.

Mientras me pregunto, fantaseo.

Cuando fantaseo, tiendo a elevarme.

Cuando me elevo, quiero inyectar.

No puedo disimular; realmente amo el sexo.

Pero, es más profundo de lo que parece.

Es más bien en la mente.

Debido a una conversación atrasada,

escribí gustosamente estas rimas.

Siempre Esforzándome

Quiero demasiado como para perder el tiempo.

Estoy serio sobre mi esfuerzo.

Debo expandir mi mente.

Lo que estoy haciendo ahora, lo podría haber hecho antes.

Así que supongo que perdí tiempo.

Pero ahora, cuando despierto,

estoy completamente enfocado en mi esfuerzo.

Dicen que el tiempo es valioso.

Valiosa es mi mente.

Me despierto solo para compartir conocimiento

y aprovechar mi tiempo.

El Amor Más Difícil

Sé que mi gente se pregunta
por qué no he contestado el teléfono,
pero quiero que despierten
y descubran la realidad por sí mismos.
Mira, les estoy alimentando constantemente con vida,
y ellos siguen dormidos.
Pero, ¿quién estaría allí para mi gente
si mi corazón dejara de latir?
Mira, puedes sentirme ahora,
pero en realidad no te importa.
No estarías allí para mi gente
si yo no tuviera aire.
Puedes escucharme ahora,
pero probablemente olvidarás lo que dije
para cuando te vayas.
¿Quién estaría allí para mi gente
si mi corazón dejara de latir?

Mujer y *Cool*

Parado a tu lado conversando es una tentación seria.

No siempre es fácil resistir lo que enfrento.

Tus labios son voluptuosos. Me encanta tu sonrisa.

Tu tono de piel es delicioso, y sé que en el dormitorio tu estilo es desinhibido.

Estoy a punto de cumplir 22, y mi impulso es loco.

Te invitaría a salir si no estuvieras casada.

Sé que recibes mucha atención,

y nunca quise parecer necesitado como los demás.

Sin embargo, tengo la fuerte creencia de decir lo que siento.

Por favor, no te ofendas. No puedo negar mi atracción.

Parado a tu lado conversando es una gran satisfacción.

Tu altura es perfecta porque no soy muy alto.

De hecho, no soy alto en absoluto.

Me animas constantemente, y lo agradezco.

Esos pantalones verde oliva son mis favoritos.

Mujer, si pudiera tenerte, haría lo que fuera para satisfacerte.

Como ya he dicho, mi atracción, no la puedo negar.

Cuando te miro, no puedo evitar preguntarme por qué.

Espera, dejémoslo así.

Principalidades

Ni siquiera a mis enemigos les deseo el mal.

La gente es tiene defectos, y es realmente triste.

Por mi lado, tuve que dejar a mi propio padre

y a un amigo de mucho tiempo. Es simplemente triste.

Di oportunidad tras oportunidad.

Razoné y razoné.

Ahora, sigo adelante... caminando a través de mi temporada.

Me esforcé mucho por no ser tan frío,

pero me han apuñalado demasiadas veces,

me han traicionado demasiadas veces,

y a veces, nos frenan

en lo que nos depara el futuro.

Lecciones

El tiempo es tan precioso como un bebé recién nacido.

Se escapa constantemente,

y la vida se vuelve loca.

He sido moldeado para estudiar el comportamiento humano

porque muchos lo han intentado,

y algunos me han engañado.

El amor es especial como un beso de tu madre,

un beso de tu hermana,

un abrazo de tu hermano.

El Destino de *Cool*

Los defectos son hermosos,

lo sé como que soy hijo de mi madre.

Tengo muchas cicatrices y una historia para cada una.

Incluso cuando fui demasiado tonto para ver,

ella vio que yo era un campeón.

Nací para escribir poesía.

De mi destino, no huiré.

Mamá

Me diste la vida y me criaste. Te sacrificaste para proveer.
Dejaste de lado tu sueño. Así que, mamá, cree que cuando
logre el éxito te bendeciré abundantemente.
Jugaste dos roles, de padre y de madre.
Me diste dos hermosas hermanas, un hermano increíble.
Él y yo siempre peleábamos. Tú siempre nos corregías,
pero nos criaste bien. Y nunca hemos estado en la cárcel.
Nos mostraste El Camino, La Verdad y La Luz en un
intento de salvarnos de ir al infierno.
Me diste la vida y me criaste. Te sacrificaste para proveer.
Dejaste de lado tu sueño.
Así que, mamá, cree que cuando obtenga esta fortuna, te
bendeciré abundantemente.
Eres la mejor y has hecho historia.
Tu primogénito se graduó de una gran universidad.
Tienes a un luchador y un emprendedor.
Ese soy yo.
Tu primer hijo está criando a su propia familia.
En tu niña pequeña, tienes una reina de belleza.
Bendijiste este mundo con cuatro cosas hermosas.
Me diste la vida y me criaste. Te sacrificaste para proveer.
Dejaste de lado tu sueño. Así que, mamá, cree que cuando
obtenga el éxito te bendeciré abundantemente

Sin Disculpas, Soy Yo

Soy el más genial. Soy el más tranquilo. Soy el mejor siendo exactamente quien soy.

Soy negro y soy audaz.

Puedes odiarme o

puedes aceptarme como soy.

Señora Mariposa

Eres radiante como el brillo del sol.

Verte hizo que mi mente corriera.

Tu marca de nacimiento me impactó como el impacto
de una poderosa pistola.

Tu mariposa despertó mi curiosidad
por ver qué más hay debajo.

Al mirarte a través del cristal,

quedé completamente intrigado.

Te vi de pasada,

y con mis ojos, congelé el tiempo.

Desde ese día,

has consumido por completo mi mente.

Grasa en un Perro Caliente

A veces, realmente me pregunto
sí estoy al tanto de los juegos
que hacen las mujeres.
A veces, pienso durante meses
en las cosas que las mujeres dicen.
Soy un hombre, aunque algunas mujeres
me ven como un perro.
Y veo que algunas de ustedes
son más resbalosas que la grasa en un tronco.
Como la mantequilla de maní con la jalea,
salsa de tomate en un perro caliente,
algunas de ustedes son más resbalosas
que la grasa en un perro caliente.

Esfuerzo Poético

Muchas veces en mi vida me he sentido inútil,
pero *Elohiym* nunca ha dejado de mostrarme
que mi vida vale la pena.

Muchas veces he sido ciego
para ver que incluso en mis momentos más
oscuros,
Él me está bendiciendo.

Él me dio este talento.

Él me dio aliento.

Tengo las piernas arqueadas y me duelen las rodillas.

Pero tengo buena salud.

Él me despertó hoy, así que estoy rimando.

Creo en *Tupac* cuando dijo que el cielo no es difícil
de encontrar.

Tengo una madre inmaculada, una mente poderosa.

Ya no estoy en las calles, pero sigo en mi lucha.

Sigo en mi lucha. Por Su gracia, brillo.

Mamá, nos haremos ricos a su debido tiempo.

Una Mala Racha

Ella sigue siendo una reina para mí.

Siempre lo será.

Sé que me ama,

aunque a veces quiera matarme.

Nunca cuestiones mi amistad

porque siempre lo será.

Soy fiel a lo que creo

y a mis palabras de lealtad.

Soy fiel a lo que creo.

Soy quien soy.

Incluso si no te gusto,

sigo siendo quien soy.

Ironía y Poesía

Alta, delgada y totalmente increíble
Sentado aquí bebiendo, esperando ser elegible
...para tener la oportunidad de saber quién eres.
Tu belleza inspiró este poema en el bar.
Admiro tu voz, tu sonrisa, tu alma,
tus ojos, tu música y tu hermoso cabello.
Fui a *Jed's* sin tener idea de que estarías allí.
Es gracioso que planeaba estar en otro lugar.
Tu vestido era bonito. Tu música era genial.
Tu suave *choca esos cinco* realmente hizo mi noche.
El negro es mi color favorito, y las flores son geniales.
El vestido que llevas es totalmente tú.
No planeaba escribir esto.
Tú no planeabas inspirarme,
pero como lo hiciste,
escribí esto para ti.

Un Vistazo en el Tiempo

Es curioso cómo las cosas que más queremos
parecen ser las que a menudo no podemos tener.
La belleza es la inspiración detrás de estas rimas.
Te vi tan pronto como puse un pie en la tienda.
Vi tu espalda, y cuando lo hice, despertó un rugido.
Quería acercarme a ti
para decirte cosas que nunca dije.
Pero ya estabas en una relación,
las dije en mi cabeza.

Quise abrazarte,
pero entonces habría estado
demasiado tentado a probar tus labios,
demasiado tentado a apretar tus caderas.
Sabía que no podía hacer eso,
definitivamente no en *Wal Mart*.
Así que hablé y pasé de largo
con mi carrito casi vacío.

Un Vistazo en el Tiempo 2

Desde ese día,
has estado presente en mi mente.
Si pudiera, ir para atrás
y congelaría un vistazo en el tiempo.
Como ya he dicho,
no te deseo nada más que lo mejor,
desde las bendiciones de arriba
hasta los placeres del sexo,
desde la cama en la que te acuestas
hasta las cosas que alegran tu día,
desde los alimentos que deleitan tu apetito
hasta las canciones que tocas,
desde las manos que te acarician
hasta las palabras que te hacen sonreír,
desde los amigos con los que te reúnes
hasta la ropa que define tu estilo.
No puedo negar mi atracción hacia ti,
y ni siquiera lo intentaré.
Seré un amigo con un hombro
si alguna vez necesitas llorar.

Hermanos Casi de Sangre

Algunas cosas no tienen explicación.

Algunas respuestas están ocultas.

A menudo no aprovechamos el tiempo
que se nos proporciona.

Lloramos. Gritamos.

Reímos y sonreímos.

Es curioso cómo, como adulto,
todavía puedes sentirte como un niño indefenso.

¿Cómo lidio con las cosas?

A veces, lloro.

A veces, repetidamente,
le pregunto al Altísimo, por qué.

¿Cómo lidio con las cosas cuando estoy destrozado y
débil?

Me estreso. Me deprimo.

Y, caigo de rodillas.

Simplemente, rezo y mantengo mi fe,

levanto la cabeza y sigo adelante hacia un mejor día.

El sol volverá a brillar, así que mantén los ojos abiertos.

Nunca dejes de creer. Nunca dejes de tener esperanza.

La vida puede ser loca, y libramos nuestras batallas.

Sé fuerte y cree que todo estará bien.

Un Noche de Verano

Era una noche de verano,
y él acababa de salir del trabajo.
Habían pasado años
desde que se vieron por última vez,
y la emoción era real.
Ella era especial para él.
Era dura como él.
Eso era lo que más amaba y odiaba.
Ella lo encontraba adorable,
pero también arrogante.
Así que él intentaba cada vez menos
presumir o alardear.

Ira y Poesía

Tus interpretaciones de mí
no significan nada cuando me siento mal.
Con ira y rabia, mato la página.
Con ira, exploto la página.
Llevo mi corazón en las mangas
como una casa de vidrio.
Mi honestidad es brutal,
así que aléjate si no puedes soportarme.
A través de mis expresiones más humildes,
te pido que ores por mí.

Esta Vida que Llevo

Genial como nuestro 44º presidente, confiado como Ali
Pasivo-agresivo, así que no juegues conmigo
He cedido a las tentaciones una y otra vez.
Por lo tanto, cada noche pido perdón por mis pecados.
La vida es corta, sin embargo, parece larga en el camino.
Cuando cada día es una lucha, oro una y otra vez.

22

Tengo 22 años, y ya ni siquiera juego baloncesto todos los días como solía hacerlo.

Me estreso tanto sin esfuerzo alguno, y ni siquiera me siento igual cuando salgo con mis amigos.

Estoy tratando de salir adelante, pero algunos de mis compas siguen en el mismo lugar.

Nunca menosprecio a nadie, pero algunos de mis amigos me miran como si tuviera una cara nueva.

Estoy tratando de hacer un cambio,

tratando de no desperdiciar mi vida.

Me doy cuenta que el caos en mi mente

sigue siendo la batalla que lucho.

Es como una segunda naturaleza hacer lo incorrecto,

pero quiero hacer lo correcto.

Soy mi peor enemigo, así que soy mi peor pelea.

Es triste decir que, en mi cumpleaños, escribo esto.

Tal vez he estado deprimido

porque no he escrito las rimas

que mi mente ha generado

últimamente.

Quitando la Capa

Estoy tratando de averiguar cómo ser feliz
porque estoy tan cansado de estar estresado y deprimido.
Estoy cansado que la gente me mire
como si tuviera una S en el pecho.
Estoy tan cansado al punto
que todo lo que quiero hacer es llorar.
Estoy cansado de buscar paz y preguntarme por qué.
Estoy cansado de ser honesto
cuando todavía se aprovechan de mí.
Estoy cansado de desear estar en tercer grado
porque en ese entonces era más feliz que ahora.
Estoy tan cansado que pienso en la muerte con frecuencia.

Atrasado

Siento que nos debemos
tener una conversación,
pero tal vez solo te extraño.

Siento que tenemos que abrazarnos y un besarnos,
pero tal vez solo quiero un beso de tí.

Siento que nuestro silencio
es injusto el uno con el otro,
pero quizás solo quiero hablar.

Todos Quieren Ser Amados

Todos quieren ser amados, pero nadie quiere ser herido.

¿Por qué las personas a menudo

se separan en el momento del nacimiento de un hijo?

¿Podría ser que se dan cuenta de que no es el momento de sentar cabeza?

¿Es solo que el hombre todavía quiere salir con otras personas?

Todos quieren ser amados, pero nadie quiere ser herido.

Nadie quiere ser engañado y, sin embargo, a menudo engañamos con otros.

Así como los hombres, las mujeres engañan y a menudo tienen amantes distantes.

Todos quieren ser amados, pero nadie quiere ser herido.

Todos quieren ser amados, pero nadie quiere ser herido.

Todos quieren ser amados, pero nadie quiere ser herido.

¿Por qué las personas a menudo

se separan en el momento del nacimiento de un hijo?

Sumido en Pensamientos

Con una mente en constante movimiento, ¿cómo tomo una decisión?

Sé que Él está aquí, pero no estoy seguro de si escucho Su voz.

He estado pasando por esta tormenta durante algunos meses.

Aunque sigo en pie, me ha estado desgastando.

Oro y lo busco constantemente porque sé que tiene un plan para mí.

¿Debería convertirme en policía o debería ir a la escuela a enseñar?

Podría prestar el servicio militar, pero no estoy seguro si quiero arriesgar mi vida por mi país.

Algunas personas dicen que me ven en la política.

Otros odian que tienda a hablar tan francamente.

Pero, ese no es mi problema. No me preocupa.

Tiendo a cometer errores porque a menudo tengo prisa.

Intento desacelerar, pero entonces siento que estoy perdiendo el tiempo.

Si soy un buen trabajador toda mi vida,

sentiré que he desperdiciado mi mente.

Tipo Genial

¿Cómo puedo ser libre si nunca corro contra el viento?

¿Cómo puedo ser salvado si peco todos los días?

¿Llegaría al Cielo si muriera hoy?

¿Podría encontrarme con *Tupac* para jugar huevos y picas?

...eso si *Tupac* realmente está muerto.

¿Podría improvisar con *B-I-G*?

¿Me recordarán cuando m-u-e-r-a?

Vertiginoso

Recoge ese balón y haz ese tiro, campeón.

Sabes que todavía puedes.

Y ni siquiera tienes que vender droga,

porque ese dinero, sabes que aún lo tienes.

Ve allá y di lo que quieras decir, hermano.

O ella aceptará o no.

Puede que ya te haya echado un vistazo, hermano.

O te quiere o no.

Hogar

La gente muere a diestra y siniestra.

Las muertes se acercan más a casa.

Nunca sabes cuándo despertarás

para descubrir que un ser querido se ha ido.

Así que, valora. Perdona. Ama. Sonríe.

Diviértete y crea recuerdos

que perduren en el tiempo.

Tus Lindas Imperfecciones

Las imperfecciones son hermosas para mí.

Me encanta el espacio entre tus dientes.

Las imperfecciones son hermosas para mí.

Me gusta la cicatriz en tu mejilla izquierda.

Las imperfecciones son hermosas para mí.

Tengo muchas que mostrar.

Eres tan hermosa para mí.

Solo tenía que hacerte saber.

Las imperfecciones son hermosas para mí.

No me importa que seas bipolar.

Las imperfecciones son hermosas para mí.

Y mi atracción hacia ti se profundiza a medida que envejecemos.

Brisa Fresca

Soy quien soy.

Ningún humano puede cambiarme.

Tomo mis propias decisiones porque

el Altísimo me dio este cerebro.

Hablo con quien deseo

porque tengo libertad de expresión.

Corto a quien elijo

porque tengo el poder de soltar.

Vida y Rimas

Algunas personas les gusta drogarse solo para pasar el tiempo.

A mí solo me gusta dar conocimiento a través de estas rimas.

Algunas personas les gusta emborracharse solo para pasar el tiempo.

A mí solo me gusta dar honestidad rima tras rima.

Algunas personas les gusta escuchar música solo para pasar el tiempo.

Yo intento ser más potente línea tras línea.

Algunas personas les gusta arreglar coches solo para pasar el tiempo.

Y a mí solo me gusta escribir las páginas de mi mente.

Pensando en la Realidad

Si muriera hoy, ¿quién lo lamentaría?

Si los enemigos me dispararan, ¿matarías por mí?

Si no tuviera nada que comer, mi hermano,

¿robarías por mí?

Sé que es un pecado. Sin embargo, estoy preguntando en serio.

Si estuviera sin un centavo, ¿me prestarías un billete de Franklin?

Te lo devolvería enseguida porque soy un luchador, cariño.

Más allá de las calles, soy un luchador, cariño.

Calor

No me digas que me profundice
si no puedes aceptar cuán profundo llego.
No me digas que sea sincero
si no puedes aceptar esa verdad cruda.

No me digas que permanezca fiel si no puedes aceptar que
tú también has estado equivocado y has hecho mal como
otros.

No me digas que mantenga la cabeza en alto cuando tú
mantienes la cabeza baja.

No me digas que mantenga una sonrisa
en mi cara cuando en la tuya mantienes el ceño fruncido.

No me digas que estás aquí para mí, que morirías por mí,
que matarías por mí

cuando ni siquiera puedes comprobarlo o ser sincero
conmigo.

Muchos Respetos

Dicen que tomo palabras y hago magia.

Yo digo que *Yahuah* me dio este talento.

Dicen que personas como yo pueden cambiar el mundo.

Yo digo que todos podemos hacer un cambio.

Dicen que soy asombroso. Yo digo que todos somos asombrosos.

Dicen que soy creativo. Yo digo que todos somos creativos.

Dicen que soy una buena persona. Yo digo que todos somos iguales.

Dicen que la familia es todo lo que tenemos, y yo soy el guardián de mi familia.

Pero tengo más que eso.

Tengo amigos. Tengo sueños.

Tengo fe. Tengo esperanza.

Y creo que podemos hacer un cambio.

Muchas Bendiciones

Que tu matrimonio sea todo lo que esperas y más.

Una hermosa luna de miel en una hermosa playa

Rosas y tulipanes para una chica hermosa

Una hermosa vida para los dos en este mundo loco.

Que tu matrimonio sea todo lo que esperas y más.

Y, que nunca olvides que tienes un amigo en mí.

El Proceso

Recuérdame mientras estoy ausente,

y si no regreso,

valora mis palabras.

Llega un momento en que ya no eres un niño,

ni un chico ni una chica,

sino un hombre, una mujer.

Y llega un momento

en que debes extender tus alas

y volar como un ave.

Analizando Mi Entorno

Son las 3:25 a.m., y estoy en la cocina escribiendo.
Las salchichas están hirviendo. Estoy observando mi
entorno.

Los platos, los gabinetes, la nevera...

Y parece que 4 de cada 7 han pasado tiempo en prisión.

Eso es más del 50%, y esos son chicos

con los que crecí.

Las mujeres, es más como cada 2 de 6.

2 de cada 6, 4 de cada 7.

Y, solo oro para llegar al Cielo.

Más Análisis

Ahora son las 4:07, y sigo escribiendo.

Mi mente sigue tecleando.

Mi sueño, sigo luchando.

Mi paz se está reuniendo con la alegría y la felicidad,
escribiendo página tras página fluyendo con la maldad.

Pauso y tomo un descanso.

Vuelvo a las 4:17.

Recuerdo tener 17.

Realmente extraño tener 17.

Y nunca, nunca, nunca

dejaré de perseguir mi sueño.

Un Paso Atrás

Hay sequías en la vida,
sequías sexuales, sequías de escritura, sequías de
felicidad.

A veces, parece que enloqueciste.

Sin embargo, en realidad estás evolucionando.

Estás mejorando.

Estás profundizando.

Cada vez más alto, estás profundizando más y más.

Tu pasión es mayor.

Tu profundidad es mayor.

Aprendiendo más y más mientras te vuelves más
ansioso.

Te estás volviendo más audaz,

más confiado en quién eres.

Incluso sonríes más porque brillas como una estrella.

Tiempos Aquellos

Lugar de paz y algo de papel envolvente
Elevándome rápidamente como el movimiento de un ascensor.

Alegría, risas y abandono temporal del dolor.

Te prometo que recordarás mi nombre.

Fantasía en Clase

Pensando en qué decir
para impresionarte y alegrar tu día
Recordando mis fantasías de cuando estaba en séptimo grado.

Esperando volver a verte
porque tu presencia llena mis ojos
Esperando que un día me digas
que soy la alegría para ti
Pensando en cómo decirte
lo que realmente siento
Esperando que entiendas que
solo estoy siendo sincero
Recordando mis fantasías
de cuando estaba en séptimo grado
Esperando que me digas,
"Hagámoslo hoy."

Todo en Uno

Soy poeta, hijo, hermano,
sobrino, primo, amigo,
hombre, líder, tío.
Y lucho con pasión
por lo que creo.
Moriré por lo que defiendo.
No me inclinaré ante ningún hombre.
Y entregaré estas palabras desde mi corazón
como si fuera crack de los 80 de mis manos.

Motivación

Mi cabeza al cielo.

Mi esfuerzo es implacable.

Creciendo más fuerte en mi Fe,
¡determinación estupenda!

Ayer, vi la imagen
de mi semilla por primera vez.

Iluminé la habitación con una sonrisa
como la luz del sol.

Comparaciones

La vida es como una bolsa de papas fritas.
La abres y puede ser
crujiente y sabrosa,
fresca y emocionante.
Pero, podría haber una papa
que se ve repugnante y aterradora.
La vida es como un coche rápido; va rápido.
O, un par de patines...
definitivamente podrías caer
y rasgarte los pantalones.
La vida es como una mujer hermosa
que parece agradable y amable,
pero esa impresión podría transformarse
a medida que pasa el tiempo.

Una Cerilla a Una Llama

Cuando hicimos contacto visual por primera vez,
sentí que teníamos una atracción.
Captó mi atención tan fácilmente
que no podía irme sin preguntar.
Su tono de piel era inmaculada.
Sus labios también eran hermosos.
Parecía que yo no le era indiferente.
Ciertamente, para mí también, no me era indiferente.

Héroe Abatido

Mis amigos piensan que soy Superman.

Vienen a mí con sus sueños,

sus problemas, sus planes.

Todo lo que ven es mi fortaleza,

y me pregunto por qué.

Quizás, es porque nunca me han visto llorar.

Pero, no saben que lloro por dentro.

No saben cómo me siento por dentro.

No saben que lloro cuando estoy solo,

y no saben que no tengo hogar.

Conversaciones Como Esta

La conversación gobierna la nación,
y tu conversación lo es todo.

Eres genial como un avión, fresco como una gorra nueva.

Aún eres difícil de descifrar. Eres como un rompecabezas
misterioso.

Amo tu ambición. Amo tu esfuerzo.

A veces, recuerdo los momentos que tuvimos,

y las cosas que dijiste que me hicieron enojar,

también las que me hicieron sonreír.

Sigo enamorado de tu estilo milagroso.

Una vez me dijiste que seríamos lindos juntos,

pero no estoy de acuerdo. Y te diré por qué...

porque juntos seríamos súper geniales.

Esa Sonrisa

Cada vez que la veo, me da esa sonrisa.

Realmente quiero decirle cuánto me gusta su estilo.

Aquí esperando pacientemente.

He estado contemplando y esperando con paciencia.

Tal vez, solo está siendo amable.

quizás, pienso que soy demasiado genial.

Me pregunto si alguna vez paso por su mente por la noche.

Mis zapatos están a la moda, y mis rimas son geniales.

Su largo cabello negro es una vista hermosa.

Su tono de piel es un bronceado natural.

Me siento, observo y ajusto mi plan.

Honestamente, no me importa si tiene un hombre.

Realmente quiero saber si tengo una oportunidad.

Deliberadamente, siento que sí.

Puedes llamarme realista porque hablo la verdad.

Si dices que no, lo acepto.

Me siento como *Jeezy*. La verdad ha vuelto.

Belleza Café

Te veo por ahí, y pienso que eres increíble.

Yo también pienso que soy increíble, pero soy un tipo humilde.

Eres hermosa como una docena de rosas rojas.

Eres llamativa como pit bulls con narices rojas.

Una Linda Lección

Puedes hablarle sabiduría a un tonto,
pero no puedes hacer que preste atención.
El dinero no es la raíz de todo mal.
La raíz de todo mal es la avaricia.

Altos son mis objetivos y aspiraciones,
cómodos, pero a veces impacientes,
y la vida se mueve rápido,
así que me esfuerzo y sigo corriendo.

Corriendo para lograr mis metas,
esforzándome por ser un mejor hombre.

Siempre dando gracias a Yahuah
porque sé que estoy en Sus manos.

Continuamente bañado en bendiciones,
confiando y orando para eliminar el estrés.

Estoy extremadamente agradecido
porque la vida es una hermosa lección.

El Altísimo tiene Oídos

Solía preguntarme si el Altísimo me escuchaba.
Luego, un día me derrumbé y lloré.
Solía preguntarme si Él podía escucharme.
Me sentía como si no fuera nada por dentro.
Solía preguntarme si el Altísimo podía escucharme.
Me preguntaba si alguna vez haría algo grandioso en la
vida.
Solía preguntarme si Él podía escucharme.
Y solía no creer
que todo estaría bien.
Solía preguntarme si el Altísimo podía escucharme
y por qué me fue dada la vida.
Solía preguntarme si Él me perdonaría
por no orar a veces por la noche.
Solía preguntarme si el Altísimo podía escucharme,
y luego comencé a crecer.
Solía preguntarme si Él podía escucharme,
pero ahora sé con certeza que sí.

Nunca Dejes de Tener Fe

Cuando envías esas oraciones,
debes tener fe.
¿Cómo te despiertas cada día?
Es la gracia asombrosa de Elohiym.
Cuando envías esas oraciones,
debes tener fe.
Es Él quien te dio tu vida, tu cara.
Cuando envías esas oraciones,
debes tener fe.
Podría ser tu cuerpo el que esté en el funeral en
exhibición.
Cuando envías esas oraciones,
debes tener fe.
Incluso cuando sientes que no,
Él está contigo todos los días.
Cuando envías esas oraciones,
debes tener fe.
Sé que se pone difícil, pero debes seguir orando.

Nunca Dejes de Tener Fe

Cuando envías esas oraciones,
debes tener fe.
¿Cómo te despiertas cada día?
Es la gracia asombrosa de Elohiym.
Cuando envías esas oraciones,
debes tener fe.
Es Él quien te dio tu vida, tu cara.
Cuando envías esas oraciones,
debes tener fe.
Podría ser tu cuerpo el que esté en el funeral en
exhibición.
Cuando envías esas oraciones,
debes tener fe.
Incluso cuando sientes que no,
Él está contigo todos los días.
Cuando envías esas oraciones,
debes tener fe.
Sé que se pone difícil, pero debes seguir orando.

El Altísimo tiene Oídos

Solía preguntarme si el Altísimo me escuchaba.
Luego, un día me derrumbé y lloré.
Solía preguntarme si Él podía escucharme.
Me sentía como si no fuera nada por dentro.
Solía preguntarme si el Altísimo podía escucharme.
Me preguntaba si alguna vez haría algo grandioso en la
vida.
Solía preguntarme si Él podía escucharme.
Y solía no creer
que todo estaría bien.
Solía preguntarme si el Altísimo podía escucharme
y por qué me fue dada la vida.
Solía preguntarme si Él me perdonaría
por no orar a veces por la noche.
Solía preguntarme si el Altísimo podía escucharme,
y luego comencé a crecer.
Solía preguntarme si Él podía escucharme,
pero ahora sé con certeza que sí.

Reina Negra

Naturalmente, eres hermosa
como las olas del océano.
Hueles tan dulce
como la loción de manteca de cacao.
Auténticos son los sentimientos
que tienes por mí.
En la profundidad de tus ojos,
yace tu amor por mí.

Peces Grandes en Un Mar Pequeño

Mi impulso es implacable.
El éxito es inevitable.
Aquellos de quienes me alejé,
pueden sentirse histéricos.
Misteriosa es mi mente
y como combino las cosas.
Misteriosos son algunos sueños,
como a veces cuando suena el teléfono.
Definido no por las opiniones de la gente sobre mí,
sino exactamente por quien fui creado para ser.
Tan frío como el invierno... tan suave como la grasa.
Por todos ustedes, rezo por bendiciones y paz.
Esforzándome siempre por ser un mejor hombre,
a menudo revisando y criticando mi plan,
aceptando más que algunas cosas
están simplemente fuera de mi control,
recordando las lecciones que me enseñaron
y las cosas que me dijeron.

El Corazón Más Frio

No quiero hablar.

No quiero decir nada.

Mi corazón es como un rosal

rodeado de espinas.

Y te prometo que no estoy mintiendo.

Listo para la Guerra

No juegues conmigo porque soy cruel,
y no permitiré que me derrotes.
Ideé un plan para desmantelarte
antes que decidieras competir conmigo.
Lo vi desde la distancia guiado por instinto e intuición.
Así que, si crees, así será.
Realmente podemos hablar las cosas para que existan.

Missing in Action

Si alguna vez me lamentas,
sepas que te valoré.
Disfruté de tí.
Fuiste buena para mí.
Y solo espero que sientas lo mismo.

Sentimientos Reservados

Te extraño, pero no te lo puedo decir
porque probablemente me extrañas
y no me lo dirías de vuelta.
De ninguna manera soy blando.
Soy un hombre hecho y derecho.
En todos los sentidos, soy un luchador.
Y siempre estoy en mi esfuerzo.
Soñé contigo anoche...
me desperté y estabas en mi mente.
Honestamente, estoy cansado porque ha pasado mucho
tiempo.
Ha pasado mucho tiempo que las cosas han estado así,
un minuto, estamos rotos,
un minuto, estamos bien.
Perfectos como una línea que es perfectamente recta...
Hemos estado enamorados durante años pero nunca
hemos tenido una cita.
Me dices que me amas, y te creo.
Me dices que me amas, y te lo digo de vuelta.

El Asesino Silencioso

Cuando conoces secretos que pueden ser devastadores,
debes esforzarte al máximo para mantenerte firme.
Recibes golpes y heridas que realmente duelen,
sabiendo todo el tiempo que podrías causar el dolor.
Hay sabiduría en entender que
todos tenemos opiniones diferentes,
y sabiduría en aplicar ese hecho.
Pero, si no fuera por mis principios y creencias,
probablemente te clavaría un cuchillo en la espalda.

Miseria en Su Máxima Expresión

Me pesa todos los días.
A menudo me hace más lento.
Esto del amor es una locura.
Me hace sonreír.
Me hace fruncir el ceño.

Aislamiento Poético

Escribo más profundamente cuando estoy
distante de todo lo que me rodea.

Escribo más profundamente cuando veo
más allá de todo lo que me rodea.

Escribo más profundamente cuando veo
el mundo como si no tuviera sentimientos.

Es entonces cuando lo dejo todo en la página.

Es entonces cuando doy todo de mí.

Escribo más profundamente cuando siento
que estoy atrapado dentro de mi mente.

Solo quiero vivir por mucho tiempo.

Solo quiero brillar.

Lazos Miserables

Nunca fue mi intención herirla,
pero mis acciones repetidamente mostraron lo contrario.

Podía escucharlo en la forma en que me hablaba.

Podía verlo cuando miraba en sus ojos.

Nunca fue mi intención hacerla sentir menos, nunca mi
intención hacerla sentir sin valía.

Sin embargo, cada vez que penetraba entre sus muslos,
la hacía sentir que valía la pena.

Agresivamente, sembraba en ella mis frustraciones
diarias.

Lujuriosamente, le daba placer sexual.

Al final, nunca se sentía bien porque sabía
que estaba explotando su tesoro más preciado.

Reflexión Humana

Todos cometemos errores, y todos nos derrumbamos.
En tiempos de incertidumbre, debemos permanecer
valientes.
Ningún corazón de ningún hombre será siempre frío.
La vida es un proceso, como el crecimiento de joven a
viejo.
En nuestros días de juventud, tendemos a ser más
imprudentes,
disfrutando de eventos que a menudo son eléctricos.
A medida que envejecemos, desarrollamos más
paciencia.
Miramos atrás y sonreímos porque,
a través de tiempos difíciles, lo logramos.

Heridas Profundas

El tiempo corre.
Alrededor del mundo, estoy corriendo.
Conversación ardiente...
ambos estábamos disparando.
Me quedé con cicatrices,
y ella también.
Sanaremos y superaremos
cuando llegue el momento.

La Amistad Más Fuerte

A menudo tengo miedo de abrirme por completo
porque temo que no puedas sostenerme.
Soy duro y resistente. Sin embargo, tengo sentimientos,
y a veces, ellos me dominan.
Sé que quieres lo mejor para mí.
Espero que ores por mi fortaleza.
A veces, me siento como Superman.
A veces, quiero rendirme.
Sigo adelante porque me sentiría como un cobarde
si simplemente me tumbara y llorara.
Sigo adelante porque no puedo rendirme.
Sigo adelante por mi orgullo.
Sigo adelante porque mi madre me dijo
que soy una mina de oro andante.
Sigo adelante porque soy un luchador,
y tengo que seguir esforzándome.
Te preocupas por mí y me amas
de maneras que son difíciles de explicar.
A pesar de todo el dolor,
todavía encontramos formas de seguir.

Maestro Asador

Ni siquiera puedo contener las lágrimas.

Hace tiempo que no me divierto, y lo extraño.

Estoy despierto temprano en la mañana tratando

de hacer un movimiento como 50.

No hay amor en estas calles. Estas calles son duras.

Siento por toda mi ciudad.

Estoy llorando de verdad,

y no espero lástima.

Mi corazón está pesado.

Mi mente corre a mil.

Haz las paces con todos

porque el tiempo corre.

Sentimientos Duros de Controlar

Siento esta abrumadora sensación que no puedo sacudir.

A veces, no sé por dónde empezar.

Oro para que nuestro vínculo nunca se rompa.

Te amo demasiado como para ser solo tu amigo.

Te veo y sonrío,

incluso cuando físicamente no lo demuestro.

Estoy fascinado con tu estilo,

y por dentro, me haces brillar.

En el Momento

En ese momento,
sentí que era únicamente tuyo.
En ese momento,
me enamoré de ti de nuevo.
En ese momento,
te abracé como nunca antes,
y supe con certeza que éramos más que amigos.
En ese momento,
mis brazos nunca se habían sentido tan pesados.
En ese momento,
deseé que no nos soltáramos.
En ese momento,
cariño, lloré por ti.
En ese momento, no se vio.
En ese momento,
te hice el amor en mi alma.
En ese momento,
te hice el amor en mi mente.
En ese momento,
fantaseé que envejeceríamos juntos
y que siempre, siempre serías mía.

Llama de Verano

A menudo la observo mirándome.

Mis ojos apenas evaden.

Ella casi me pilla mirándola.

Giro la cabeza.

Su dulce voz a menudo alegra mi día.

Su sonrisa me hace sentir vivo.

Siempre tiene palabras amables para decir.

Por su cariño, dejaría de lado mi orgullo.

Noche y Día 2

Te quiero, pero las cosas no son ideales para eso en este momento.

Me encanta verte con un vestido, pero también con una gorra hacia atrás.

Tu estilo es impecable, y tu figura también.

Me pregunto cómo sería estar enamorado de ti.

Juego de Palabras

Sueños y metas para lograr la grandeza
Valiente ante cada desafío y obstáculo que enfrento
Para tener éxito, corro mientras avanzo con paciencia
Pensando críticamente y profundizando para expandir
mis rimas
Soy impresionantemente lírico y suave como el hielo.
Mantén la cabeza en alto; todo estará bien.
Si puedes sentirme, dame un *like*.
Que todos me sientan no es la razón por la que escribo.
Si es *Snapchat*, dame un *swipe*.
Dicen que puedes cortar una vez si mides dos veces.
Me dicen que siga rimando y que entre al estudio.
Soy conocido como poeta en todos los lugares a los que
voy.
Soy conocido por ser valiente en todos los lugares a los
que voy.
Sé siempre tú misma.
Tus cualidades se mostrarán.

Camila

Instantáneamente impactado por tu belleza
Incluso tus defectos eran hermosos para mí.

No sé cómo te sientes cuando te miras en el espejo,
pero desearía que pudieras ver lo que yo veo.

Una de las creaciones más bellas de *El Elyon*
Caminando por este mundo en Su gracia

Incluso en 30 años, no creo
que olvidaré tu cara.

Solo Se Quien Eres

Sé quien eres dondequiera que vayas.
Tu luz brillará y realmente resplandecerá.
Por tus errores y debilidades,
no temas pedir ayuda.
Utiliza tus dones y talentos para luchar por la riqueza,
...riqueza financiera, riqueza en el amor.
Sabe que eres bendecido por el Altísimo.
Ponlo a Él primero y realiza buenas acciones.
Él proveerá todas tus necesidades.

Chinana

Eres hermosa como un arcoíris
en el cielo al atardecer.
Tu sonrisa es una ola preciosa,
y odiaría verte llorar.
Tu espíritu es tan dulce
como la miel y el té.
Espero que siempre seas una amiga para mí.
Tu cabello es precioso como diamantes y oro.
En todos los sentidos,
tienes un alma hermosa.
Pareces alguien que envejecerá
sin nunca aparentar la edad.
Eres hermosa y dulce.
También eres valiente.

Martinez Despiadado

A veces, anhelo una conversación.
Otras veces, me digo: "olvídalo".
Nunca imaginé estar donde estoy actualmente.
Caigo en cuenta de que sigo atrapado en mis viejas
costumbres.
Deseo un nuevo equipo, pero aún tengo estas viejas
jugadas.
Honestamente nunca pensé que mi vida sería así.
Sin embargo, sé que es más que mujeres y buenos
zapatos.
Soy bueno lastimando a la gente. Soy como una zona de
peligro.
Por lo tanto, acepto de todo corazón estar solo.
Tal vez nunca alcance el potencial que esperan de mí,
pero si no hiciera nada más,
fui sincero contigo.

Su Nombre

Ella era hermosa en todos los sentidos, y tenía que
tenerla.

Era impresionante y a menudo me hacía dar dos pasos
atrás.

Cuando me hacía el amor, me sentía como un rey.

Me amaba incluso cuando era un tonto

y a pesar de ser tosco.

Me llevó a alturas y me dejó más alto que nunca.

Me protegió de las peores tormentas.

Me bendijo continuamente.

Juntos, tomamos vuelos.

Su nombre es hermoso.

Su nombre es Vida.

Un Perspectiva Diferente

Nadie puede robarte la alegría a menos que se lo permitas.

Solo una persona puede hacerte feliz,

y esa persona eres tú.

Establece tus metas y sigue tus sueños.

Nada en la vida es tan difícil como parece.

Martinez También

Soy como el villano en la película de terror.
Mi sonrisa es astuta,
y mis atributos son realmente mis defectos
vistos de manera optimista.

Levántate y Nunca te Rindas

A menudo rojo, pero también amarillo
Desde el concreto como *Tupac*, crecí.

Golpeado y roto, pero reconstruido
Ahora, un guerrero eterno es con quien te has quedado.

Me levanto todos los días de mi espalda a mis pies.

Me levanté incluso cuando el dolor era profundo.

He sido pisoteado y aplastado
como una rosa sin apreciación.

Gracias a eso, soy implacable en cualquier batalla que enfrente.

Aún así, me levanto como Maya Angelou...
agradecido cada día por el don que poseo
Impulsado a tener éxito sin importar el precio.

Aún así, me levanté incluso cuando estaba perdido.

Prometo que no hay hombre que pueda detenerme.

Me sentí como un pedazo de carne
cuando me criticaron y despedazaron.

Me potencié nivel tras nivel.

Soy como una rosa con pétalos infinitamente reciclables.

Cuando digo que me levanto, digo que me levanto.

Aunque he llorado, nunca has visto las lágrimas en mis ojos.

Mira, pueda que me doble, pero nunca me rindo.

Me derribaron, pero nuevamente me levanté.

Guerrero Eterno

Solo porque todo lo que ves es mi fortaleza,
no significa que mis cargas sean ligeras.
Y solo porque nunca me veas rendirme,
no significa que no ore
por mi fuerza cada noche,
porque lo hago.

La Estrella del Guerrero

Incluso un guerrero necesita a alguien a quien admirar,
alguien que lo mantenga en marcha
cuando ya no quiera luchar más.

Incluso un guerrero necesita a alguien que le seque las
lágrimas
cuando ya no pueda contenerlas.

Incluso un guerrero necesita a alguien que lo abrace
cuando toda su fuerza parece estar agotada.

Incluso un guerrero necesita a alguien que lo levante
para que pueda estar listo para luchar de nuevo.

Querida Melody

Saliste del vientre, y yo quedé pegado como pegamento,
como si no hubiera nadie en la habitación, solo tú y yo.
Cuando escuché tu llanto, cambiaste mi mundo.
Elohiym me había bendecido con una hermosa niña.
Tu primera sonrisa me derritió instantáneamente como
una antorcha al plástico.
Si alguien alguna vez te lastima, mi reacción será
drástica.
Trabajaré duro por ti, sangraré y sudaré por ti.
Por ninguna razón, te descuidaré.
Eres mi orgullo. Eres mi alegría.
Por ti, seré humilde día tras día.
Eres mi risa. Eres mi sonrisa.
Por ti, siempre encontraré un camino.
Eres una melodía del cielo creada para mí.
Oro por tu vida, tu prosperidad y tu paz.

¿Qué Tanto lo Deseas?

¿Preferirías saber la verdad aunque doliera,
aunque la verdad te hiciera cuestionar tu valía?
¿Preferirías saber la verdad
sin importar lo difícil que pareciera...
la verdad de que él odia despertar
de algunos de sus sueños?
¿Preferirías saber la verdad aunque te hiciera llorar,
aunque te hiciera sentir mal?
¿Preferirías saber la verdad
aunque fuera en contra de todo lo que creías?
¿Preferirías saber la verdad
aunque significara que él fue infiel de nuevo?

Mala Hierba entre el Trigo

Intentando mantenerme positivo
aunque rodeado de un ambiente
lleno de negatividad.
Muchas veces no me afecta,
pero a veces sí.
Atrapado ahora entre
dos lugares difíciles.
Sin buscar lo nuevo
y tratando de eludir caras antiguas.

46

Sé que soy la semilla
que más te ha hecho llorar.
Aun así, sigo esforzándome por darte razones
para que presumas y te enorgullezcas.
Es una bendición tenerte aquí
por un año más.
Aunque físicamente lejos,
te mantengo cerca siempre.
Nunca olvidaré
lo que me enseñaste.
Algunos dicen que una mujer
no puede criar a un hombre,
pero tú criaste a dos.
A menudo nos dices que estás orgullosa de nosotros,
y Mamá, debes saber que
nosotros también de ti.
Eres hermosa, y apreciamos
todo lo que has hecho y todo lo que haces.
En este día y todos los días,
siempre te amaré.

Cuando Pienso en Ella

Cuando pienso en ella, me pregunto
cómo puedo ser mejor para convertirme
en el hombre que ella merece.
¿Cómo puedo impresionarla con
la forma en que combino estas palabras?
¿Cómo puedo amarla
de la manera en que ella me ama?
¿Cómo puedo asegurarle
que quiero este a-m-o-r?
Todos los días, ella me inspira
y me motiva a tener éxito.
No puedo mentir. Quiero que lleve mi semilla.
Ella cree en mí
más de lo que yo creo en mí mismo.
Se preocupa por mi fortaleza.
Se preocupa por mi salud.
Me ha mostrado un amor similar
al amor que me da mi madre.
Cuando pienso en ella,
solo quiero vivir.

Un Poema para Ella

Anímate porque eres hermosa
y tienes tantas razones para sonreír.
Anímate porque eres increíble
y haces sonreír a los demás.
Anímate porque eres divina
y eres una madre maravillosa.
Eres todo eso y más
a los ojos míos y de tus hermanos.
Eres brillante como una estrella.
Estrella es tu segundo nombre.
Me has dado momentos para atesorar
a través de conversaciones y juegos.
Tu sonrisa me levanta.
Contigo, me siento fuerte.
En tu amor y cuidado
es donde siento que mi corazón
pertenece.

El Fracaso No es Una Opción

El fracaso no es una opción.
Puedes tomar eso como quieras.
Todos queremos ser ganadores,
pero a veces, todos perdemos.
La verdad se basa en hechos,
en lo que se puede probar.
Todos tenemos un don,
algo que nos encanta hacer,
tal vez incluso algo que
amas más que a ti mismo...
Nuestro don es de nuestro Padre Celestial, y debemos
usarlo para el bien.
Nuestro don proporciona comprensión
cuando parece que no nos entienden.

Estados de Capricho

Su voz toca mi alma. Sus palabras me hacen sentir libre.

Cada vez que llego a su presencia, me doy cuenta de que ahí es donde quiero estar.

Ella me hace querer viajar por el mundo.

Me anima a probar cosas nuevas.

Realmente quiero ser su Rey Negro, y ella puede ser mi Reina Puertorriqueña.

Me encanta cuando dice "*Roll Tide*". Su voz es dulce y sedosa.

Ella ama cómo camino y hablo, y el hecho de que soy tan genial.

Me encanta que esté llena de amor, vida y risas.

Ella me hace querer pasar la página, capítulo tras capítulo.

Solo Humano

Nunca te dije cosas
con ira que no sintiera
porque, incluso en esos momentos,
sé que te amo.
Pero sí, dije cosas sin emotividad.
He hecho cosas sin emotividad.
He tenido sueños poco emotivos.
Nunca traté de ser perfecto.
Nunca quise serlo.
Y pensaste tan bien de mí
que olvidaste ver al hombre en mí.

Una Mirada Sin Odio

Dices que entré como si tuviera una espina clavada.

Sí, tienes razón.

No has pasado por lo que mi gente ha pasado
en la vida, la lucha diaria

...los miles de años de cambiar nuestra historia de negro
a blanco.

Si fuera por ti, estoy seguro de que nos habrías matado a
todos hace mucho tiempo.

Ahora estoy despierto como un ave madrugadora, y
planeo mantenerme despierto.

Imperfección Humana

Seres imperfectos somos,
y hay cosas en la vida que suceden más allá de nuestro
control.
Pasamos por altibajos a medida que la vida continúa.
La vida sigue siendo preciosa sin importar los obstáculos
que enfrentemos.
Hasta que estemos muertos y sepultados, debemos
continuar la carrera.

Buscando La Paz

Intenté hacer las cosas de la manera correcta,
pero lo hice por las razones equivocadas.
Ahora, he estado pasando por esta tormenta
durante las últimas cuatro estaciones.
Ángeles y demonios...
Lo he visto todo.
Para encontrar la verdadera felicidad,
lo arriesgaré todo.

Sueños, Intuición y Realidad

Tenemos sueños que queremos ignorar.

Suceden cosas que nos sacuden hasta la médula.

Estableces expectativas altas,

y la gente a menudo te decepciona.

Yo también he decepcionado gente.

Lo que va, vuelve.

Aun Si Tu Nunca

Incluso si nunca vuelves a hablarme, te amaré.
Si nunca vuelvo a hablarte, en mi mente, te abrazaré.
Si nunca más puedo sentir tus labios
ni hacerte el amor de nuevo,
recordaré esos momentos una y otra vez.
Incluso si nunca más puedo sostener tu mano,
te amaré como amante y amigo.
Si nunca más puedo abrazarte ni mecerte para dormir,
recordaré las veces que descansaste sobre los latidos de
mi corazón.
Incluso si nunca más puedo cocinar para ti, ni
alimentarte, sonreiré por esos momentos en los que lo
hice.
Si nunca más puedo verte,
aún me preguntaré cuándo podré verte de nuevo.
Incluso si nunca vuelves a hablarme, te amaré.
Si nunca vuelvo a tocarte, en mi mente, te abrazaré.
Si nunca más puedo estar en tu presencia,
te amaré como amante y amigo.

Todavía Derramando Lágrimas

Todavía derramo lágrimas por ti.
Todavía me río de los recuerdos hilarantes que me has dado. Todavía te expreso mis miedos.
Te agradezco por amarme y fortalecerme.
Todavía derramo lágrimas por ti.
Todavía extraño cada una de tus expresiones.
Todavía derramo lágrimas. Todavía derramo lágrimas.
Cada situación es una hermosa lección.
Todavía derramo lágrimas por ti.
Y sé que sonreirás incluso a través del dolor.
Cuando el sol está detrás de las nubes, y las nubes están oscuras,
aún brillarás aunque llueva.
Todavía derramo lágrimas por ti porque
eres mucho más que increíble.
Mi corazón sigue lleno de amor por ti,
un amor que arde y se inflama.

Preguntas

Me pregunto:
¿Quién te está enviando mensajes de buenos días ahora?
¿Quién está alegrando tu día y diciéndote buenas noches?
¿Quién vendrá y hará todo bien?
¿Quién te va a amar?
¿Quién te va a abrazar?
¿Quién te dará todo lo que yo se suponía que debía darte?
¿Quién te dará su hijo?
¿Quién vendrá y será esa persona especial?
¿Quién te amará mejor de lo que yo lo hice?
¿Quién es la persona especial
que te dará varios hijos?
¿Quién sostendrá tu mano?
¿En el pecho de quién te acostarás?
¿Quién vendrá y alegrará tu día?

Amor, Remordimiento y Malas Decisiones

Entenderé si me odias.

Nunca te superaré.

Quizás nunca me perdone por lo que te hice.

Mereces algo mucho mejor.

Oro para que él te encuentre.

Espero que nunca

te recuerde a mí.

El Amor Más Real

¿Alguna vez te has enamorado de una
persona que no conocías?
Sin saber si alguna vez sabrías a dónde
podrían llegar las cosas.

¿Alguna vez te has enamorado de la forma en
que una persona caminaba, cómo olía, cómo
hablaba?

¿Alguna vez te has enamorado de una
persona cuando la escuchaste hablar,
cuando estabas de espaldas y no podías ver
su cara?

¿Alguna vez te has enamorado de una
persona por su amabilidad y gracia?

Te acercas a ella y tu corazón comienza a latir
rápidamente.

¿Alguna vez te has enamorado del cabello de
una persona?

Una persona con la que compartirías con
gusto tu aire.

Final

No sientes nada por mí.

No soy nada para ti.

La volví a arruinar, pero eso no es nada nuevo.

La Verdadera Felicidad

La felicidad no es un evento.
Tu felicidad no debe depender de otra persona.
La felicidad es una decisión que debemos tomar por
nosotros mismos.
La felicidad es una emoción que no logramos
controlar basándonos en situaciones,
pero creo que podemos elegir ser felices
en muchas cosas que enfrentamos.
La felicidad es una joya que debemos sostener con
fuerza.
Podemos elegir ser felices de día y de noche.
No siempre he sido feliz,
pero elijo ser feliz ahora.
He pasado demasiada parte de mi vida sin una sonrisa
y con el ceño fruncido.
La felicidad es un sentimiento que todos queremos
sentir.
Debemos elegir ser felices, si debo ser sincero.

Año 27

27 años, todavía parezco de 19
Te seguiré descalzo,
en *Jordans* o en *Nikes*.
Por cada golpe, cada bofetada,
cada patada y cada grito,
no hay otro hombre que prefiera tener
en mi equipo.
Creo en ti cuando
nadie más lo hará.
Haré por ti lo que nadie más hará.
Te amo hasta la luna, más allá y de regreso.
Soy tu guardián,
y te llevaré sobre mi espalda.

Guerra Interna

Cada día me pongo la capa
y camino por la vida
como si todo fuera soleado y brillante.
Pero, por dentro, es oscuro.
Mi mente nunca descansa,
y no puedo dormir en la noche.

Entre la Espada y la Pared

Me enamoré de una mujer que no era mía.
Tristemente, me permití no quedarme.
Aún no estoy enamorado de la mujer que es mía, y no
quiero vivir así.

Simple Honestidad

Sabía que cuando colgamos,
no volverías a llamar.
Sé sincera conmigo...
sin verdades a medias, sin actuaciones.

¿Podemos?

¿Podemos?
¿Podemos empezar de nuevo?
¿Podemos ir más lento?
Creo que no hay límites
a donde podemos llegar.
¿Podemos volver allí,
al mismo lugar otra vez?
¿Puedo ser tu amante
después de ser primero tu amigo?
¿Puedo besar tus dulces labios?
¿Puedo sostener tu mano?
¿Puedo protegerte?
¿Puedo ser tu hombre?

Cobardes con Placas

Las palabras no significan nada cuando las acciones
difieren.

Son aquellos que se parecen a mí
los que constantemente reciben
disparos en la columna.

Negro y hermoso,
pero nos tratan como si no fuéramos nada
en esta llamada tierra de la libertad.

Pero nos llaman salvajes cuando estamos en las calles.

Pero salvaje es cuando disparas
a un hombre en la espalda siete veces.

No tiene ojos en la parte trasera de su cabeza,
así que cuando decidiste apretar el gatillo,
estaba básicamente ciego.

Disparas a hombres ciegos,
e incluso matas a nuestros hermosos
niños y niñas negras.

Así que entendí a *Tupac* cuando dijo
"Que se joda el mundo."

Y sentí a J. Cole cuando dijo que llegó rápido
como el 911 en vecindarios blancos.

Porque el 911 podría dispararte por cualquier
razón
si naciste, creciste o vives en un vecindario negro.

No Soy Quien Pensabas que Era

No soy quien pensabas que era.

Porque todo estaba bien,

pensaste que era un santurrón

y que daría la espalda a

aquellos que más me necesitaban.

No soy quien pensabas que era.

Vi la forma en que me miraste cuando pasaste
caminando.

Escuché lo que dijiste, y me llegó la noticia que había un
ángel cercano que en realidad

era el diablo disfrazado.

No soy quien pensabas que era.

Tu posición no es suficiente.

Tu poder no es suficiente porque estoy protegido

por el Altísimo que está en el cielo.

Si Pudiera lo Haría

Si pudiera quitarte los dos años de dolor
que te he causado
y darte la felicidad
que he experimentado
en mis 26 años de vida,
lo haría sin dudarlo.
Si pudiera regresar al día
antes de conocerte,
nunca te habría conocido.
Al menos, de esa manera,
nunca te habría herido.
Nunca debería haberte mentido
cuando todo lo que querías era mi verdad.
Fui un cobarde.
Fui un mentiroso, y
también fui un tonto.

Sentimientos Difíciles

A veces, quiero llorar,
pero mis lágrimas están secas.
A veces, quiero llorar,
pero no sé por qué.
A veces, quiero llorar,
pero mi orgullo no me deja.
A veces, quiero llorar
y estar tan alto como cuando
los árboles están... shhh.
A veces, quiero llorar,
pero me digo a mí mismo que soy demasiado fuerte.
A veces, quiero llorar
porque desearía
no haberme ido de casa.
A veces, quiero llorar
y anhelo un hombro en el que apoyarme.
Pero rara vez lloro porque
rara vez levanto el teléfono.

Dolor y Poesía

Me siento como *Rod Wave*.
Todo lo que tengo es dolor y poesía
que te ofende
Estoy harto de la injusticia.
Estoy harto de estas matanzas.
En paz, pero rudo...
tan incomprendido.
No puedes tratarnos mal
y esperar que seamos buenos.
Es una nueva forma de esclavitud,
y muchos no lo ven.
Otros son conscientes
pero no lo admitirán públicamente.
Sirvo a mi país, y mi país sigue
matando a los que se parecen a mí.
Estoy sirviendo a mi país,
y mi país
sigue asesinándonos.
¿Prefieres mis palabras,
o preferirías que levantara
mis armas y mis puños?

Engaño Astuto

Tengo mucho en mi pecho,
y tengo mucho que hacer.
Cuando mis deseos no se cumplen,
me alejo.
Silenciosa y astutamente,
me aíslo al máximo.
Cuando sacudo los sentimientos por ti,
nunca los recuperarás.
Dicen que si juegas con fuego,
te quemarás.
Todos hemos sido engañados.
Y si sientes que no te ha sucedido,
solo espera tu turno.

Si Supieras Cómo Es Ser Negro

Si supieras cómo es ser negro,
¿dirías las cosas que dices?
¿Seguirías sonriendo en mi cara
y llamándome algo desagradable
en el momento en que me alejo?
Si supieras cómo es ser negro,
¿querrías ser odiado por el color de tu piel?
Bueno, estas son las cosas que enfrento por el color de mi
piel.
Si supieras cómo es ser negro,
¿intentarías ocultar tu frío odio?
Si supieras que lo siento en tu vibra
cuando pasas cerca,
¿si supieras que lo veo en tu cara?

Ser Ignorado a Sabiendas

Los hombres evasivos y engañan y las mujeres más.

Te harán bajar el gorro de lana

y meterte en el suéter.

Es un día frío afuera,

y solo quiero quedarme adentro.

No quiero volver a ser herido así nunca más.

Rompiendo Malos Hábitos

Es como si estuviera aprendiendo
a ser fiel de nuevo.

Nunca quise ser infiel
desde el principio...

sin embargo, me encontré
en una situación difícil.

Tomé una mala decisión,
y luego seguí tomándola.

Fui verbalmente maltratado
y no apreciado.

Luego maltraté verbalmente
y no mostré aprecio.

Ves, no hablábamos durante días
y luego teníamos el mejor sexo.

Pero en nombre del amor,

incluso el mejor sexo no es suficiente.

Así que sí, estoy aprendiendo
a ser fiel de nuevo.

Y esta vez, seré fiel
de principio a fin.

Realidad

Ya no tienes fe en mí.

Ya no sientes lo mismo.

Hoy no estoy bien, pero estaré bien.

Ya no sientes lo mismo.

Ya no deseas ser mi esposa.

Hoy no estoy bien, pero estaré bien.

Corazón Roto en Aumento

Realmente no quiero seguir adelante,
pero me niego a sentarme aquí y esperar
a que mi corazón se rompa de nuevo.

Nunca pensé que me convertiría
en tu amante,
pero siempre supe que
quería ser más
que solo tu amigo.

Ahora estamos en un lugar difícil,
y no tenemos idea
de a dónde irán las cosas.

Ahora veo que te amo
mucho más de lo que pensaba
y que realmente cosechamos
todo lo que sembramos.

Fases del Amor

El amor es una cosa hermosa.

Sin embargo, el amor es un juego peligroso.

El amor está lleno de alegría y risas,

pero también de desamor y dolor.

El amor está lleno de posibilidades sinfín

y de posibilidades que terminan.

El amor es un misterio que no puedo explicar.

¿Cuándo terminará mi desamor?

Cosechando

No todo lo que sucede está destinado
a ser entendido por todos.
Incluso si ya no somos tan cercanos, todavía tengo amor
por aquellos que alguna vez consideré mis hermanos.
Por cada elección que hacemos, pagaremos el precio,
ya sea mintiendo, robando o teniendo sexo.

Reinado de la Reina

Eres una reina, y nunca deberías
suprimir quién eres cuando estás
cerca de otros.
Eso también vale para todos ustedes,
hermanas y hermanos.
Nunca deberías preocuparte
por cómo se sentirán las personas
cuando simplemente estás siendo auténtica.
El respeto es imprescindible, y la amabilidad mata.
Eres una reina, y nunca deberías
atenuar tu luz para hacer que otros se sientan brillantes.
Brilla como cuando tu rey te besa la frente
y te arropa por la noche.

Guerrero

No he sido el mismo desde que volví a casa.

No es que estuviera en una zona de combate, pero, como lo veo, toda mi vida ha sido una zona de combate.

¿En quién puedo contar más cuando estoy débil?

En mí mismo, en el Mesías y en el Altísimo.

Porque todos los demás te van a decepcionar. Todos los demás dirán que no importa cuando vean lo feo que eres por dentro.

Todos los demás van a correr y esconderse cuando vean ese monstruo que llevas dentro.

Por favor, no sientas lástima.

Por favor, no me muestres piedad porque incluso cuando quiero llorar, mis lágrimas están secas.

Y aún soy mezquino, agresivo y áspero.

Soy como el villano en la película de terror.

Mi sonrisa es astuta, y mis atributos son realmente mis defectos vistos con optimismo.

Sigue para Adelante

Deja de culparte por todas las cosas que salieron mal.

Deja de culparte por cuando te acercaste
y esa persona decidió no contestar el teléfono.

Deja de castigarte por todos los errores y malas
decisiones que tomaste.

Perdónate por todas las jugadas que hiciste.

Deja de decirte a ti mismo que nadie te amará
como quieres ser amado.

Deja de creer que nadie se esforzará tanto por ti como tú
lo haces por los demás.

Deja de creer que él o ella es la única persona que puede
hacerte sentir de cierta manera.

Recuérdate que hoy, al despertar, había una nueva
oportunidad.

Deja de aferrarte a todo lo que te traumatizó en el
pasado.

Todo tiene su temporada, y no todas las cosas buenas
están hechas para durar.

Deja de huir de la verdad.

Deja de tener tanto miedo de algo nuevo.

El tiempo cura todas las heridas cuando es el momento
adecuado.

Poesía y Rima

Sigo diciendo que te voy a llamar, y aún no lo he hecho.
Podrías recitarme poesía todo el día,
y no me molestaría.
Cuando te veo en la barra, me das tanta vida.
Bailas y giras en tu propio mundo
como si supieras que todo estará bien.
Cuando te veo en la barra, me haces querer acercarme y
gastar todo mi cheque de estímulo...
mientras me siento y miro,
y mi corazón intenta penetrar mi pecho.
Tu voz es como una multitud de bellas y poéticas
vibraciones,
un éxtasis que inspira, motiva y deja mi mente acelerada.
Cuando te veo en la barra, río y sonrío.
Así que tenía que hacerte saber que me encanta tu estilo.
Sin maquillaje, sin lápiz labial, con un afro al costado.
Una camiseta de *Boyz N The Hood* con *Doughboy*
recostado apoyado en su coche.

¿Qué es?

¿Qué es el acceso?

¿Qué es confusión?

¿Es el amor tan dulce como algunos dicen?

¿O es solo una ilusión?

El Clima Más Frio

Me acuesto de lado y finjo que te estoy abrazando.

Sin embargo, ya no me quieres.

Sabía que estaba teniendo una crisis anoche mientras
lloraba y caminaba de un lado a otro.

Aquí estoy en mis momentos más débiles.

No puedo dormir. Estoy luchando contra la depresión.

Todo lo que quiero es escuchar tu voz,

abrazarte y tenerte al lado.

Pero, la vida sigue, y debo seguir adelante.

Los sentimientos cambian y las personas también.

Aunque se desvanecen,

los recuerdos duran para siempre.

Mi corazón está roto, y este es el clima más frío.

La Ira es Cruel

Dicen que es difícil separar lo real de lo falso,
y por eso me mantengo en mi camino.
Te sorprendería saber quiénes calumniarán
tu nombre solo para su beneficio personal.
Te sorprendería saber quiénes calumniarán
tu nombre incluso cuando no tienen nada que ganar.
Calumniar el nombre de alguien no produce ganancia,
solo dolor autoinfligido.

Amor Distante

Amarte desde la distancia no es fácil.
Sin embargo, la idea de estar sin ti
es aún más difícil.

Me haces sonreír incluso cuando estoy enojado
y aun cuando has dicho cosas que me hirieron.

Incluso cuando dijiste cosas que me hirieron.

A pesar de todo lo que hemos pasado,
todavía creo que eres la indicada para mí.

No hay otra mujer a la que
quisiera dedicar mi tiempo.

Solo quiero dedicarte mi esfuerzo.

Río a menudo cuando pienso en los recuerdos que
creamos.

Por ahora me siento así, pero pronto
estaré completamente elevado.

Solitario Orgulloso

Nunca conocí a una persona que necesitara más de lo que me necesito a mí mismo.

Trabajaré y cuidaré de los míos hasta mi último aliento.

El mundo es a menudo un lugar frío.

La mayoría quieren algo a cambio de nada.

TraICIÓNAME, me esforzaré cada vez.

De ninguna manera estoy fanfarroneando.

Los intelectuales se mueven de manera diferente.

Con silencio y amabilidad, vencemos.

Sin embargo, aún podemos ser valientes como *DMX*.

No pruebes tu suerte. No juegues.

Estoy en algo diferente,

así que me muevo de manera diferente.

Sin una sola arma enfrentaré a todos y cada uno de mis enemigos.

No es mi tiempo hasta que sea mi tiempo.

Por ello, no me preocupo por que alguien me mate.

El agua es rápida.

El viento se mueve con gracia.

Hago el amor a la página.

La página es mi as bajo la manga.

Flujo Real

Quizás estoy atrapado en el tiempo, un alma vieja,
pero en mi mejor momento.
He visto 25 en escalas de 10,
así que ya no es suficiente si eres un diez.
Estoy más interesado en tu mente, no en cómo te ves
físicamente.
Incluso si eres voluptuosa con labios bonitos,
quizás ello podría haber sido suficiente cuando tenía 17.
Camina como un emperador.
Muévete como un jefe.
Han conspirado contra mí desde el primer día,
pero nunca he sido traicionado.

Llama Roja

Más hermosa que una modelo
Una modelo eres.

Repetí en mi mente cómo dijiste adiós
mientras caminaba hacia mi coche.

¿Fue una señal de interés?

¿O solo estabas siendo amable?

Desde la última vez,
no has dejado de pasar por mi mente.

Un vestido tan ajustado con las curvas más atrevidas,
pasé junto a ti con esfuerzo,
tratando de calmar mis nervios.

Sonreíste. Sonreí.

Fue tan amable.

Natascha, debo decir
que eres tan hermosa.

Cejas impecables,
tan suaves como el vino.

Natascha, debo decir
que eres tan hermosa.

¿Qué sería Diferente?

¿Qué sería diferente si fueras mía?
Te daría flores, abrazos
y besos todo el tiempo.
Yo sería tu Señor.
Tú serías mi Señora.
Trabajaría en el jardín mientras
tú lavabas los platos.
Cocinaríamos, limpiaríamos y jugaríamos todo el día.
Bromearemos al pasarnos por el pasillo.
Quizás, siempre seamos amigos,
pero quizás, aquí es donde empezamos de nuevo.

Te Escojo a Ti

Pienso en ti de maneras que los amigos no piensan en amigos.

Han pasado casi dos años.

Sin embargo, todavía no quiero que las cosas terminen.

Deseo profundamente ser tuyo y que tú seas mía.

Te daré mi amor. Te daré mi tiempo.

Te haré el amor por siempre y para siempre.

Te apoyaré y te levantaré en todas las formas.

Te tomaré de las manos. Te peinaré el cabello.

Si fuera para salvarte, te daría mi aire.

Mi amor por ti es más profundo de lo que sé cómo explicar.

Te amo a través de todo el dolor.

Te amo a través de todo el sufrimiento.

Te pido perdón por todo lo que hice mal.

¿Puedo tomar tu mano y dedicarte una canción de amor?

Déjame sostenerte y acunarte como solía hacerlo.

Te daré todo lo que solía

multiplicado con algo nuevo.

Amaré a tus hijos como si fueran míos.

Te elegiré hasta el final de los tiempos.

Recordándolo Todo

A veces, odio cuánto te amo.

Y no es que tenga sentimientos negativos hacia ti.

Simplemente no entiendo por qué siento

tanto por ti después de todo este tiempo,

y eso me molesta.

Odio todo el dolor que te causé.

Odio todo el dolor que me causaste.

Odio cada cosa mala que sucedió entre nosotros.

Ojalá fuera como un mal sueño;

te despiertas, y se acaba.

Pero, desafortunadamente, así no funciona la vida.

Una Mariposa en el Viento

Estoy desapareciendo lentamente
en un yo más intelectual,
Sinceramente adentrándome cada vez más,
como las profundidades del mar.

Mi mente se expande.

Para el conocimiento, es exigente.

Y mi cerebro es como un cielo
para metáforas y símiles.

Bronce Fino

Cada vez que miro al cielo,
me pregunto si el Altísimo tiene trenzas
como en Cantar de los Cantares 5:11.
O si tiene un patrón de ondas 360 como los israelitas en
los antiguos jeroglíficos hebreos. Cuando leo los
versículos que describen la piel del Venerable Anciano
de Días como bronce fino, siempre llego a la misma
conclusión sobre *Yeshúa Ha'Mashíaj*. Cada vez que me
miro al espejo, veo bronce fino. Cada vez que miro a mis
hijas, veo bronce bruñido.
Cada vez que miro a mi familia, veo bronce fino.

Sobre la Autora

Martinez Shaver es un orador inspirador, presentador de podcasts, autor, soldado y entrenador de resiliencia. Publicó su primera colección de poesía, Thoughts of A Cool Guy, a la edad de 21 años. A Butterfly In The Wind es la segunda de muchas más por venir. Ya sea escribiendo, sirviendo en el campo o hablando en el escenario, él es la verdadera encarnación de la disciplina, la resiliencia y el liderazgo.

Martínez capacita al público para lograr el éxito que solo se puede lograr a través del trabajo duro, decisiones de calidad, buena fe y carácter fuerte. Debido a que comprende el poder de una comunidad positiva y una narración auténtica, comparte fervientemente su viaje para superar el autosabotaje, enfrentar la adversidad y elegir una vida y un futuro mejores a pesar de las adversidades.

Milton Keynes UK
Ingram Content Group UK Ltd.
UKHW050857201024
449759UK00015B/110

9 798987 014462